Philharmonie de la Vie

HARMONIE

Lydia MONTIGNY

HARMONIE

Ou philharmonie de la Vie

© 2020 Lydia MONTIGNY

Éditeur : BoD-Books on Demand
12-14 rond-point des Champs-Élysées, 75008 Paris
Impression : Books on Demand, Norderstedt, Allemagne

ISBN : 978-2-3222-3485-1
Dépôt légal : Juin 2020

Livres précédents (BoD)

* Dans le Vent (VII 2017)
* Ecrits en Amont (VIII 2017)
* Jeux de Mots (VIII 2017)
* Etoile de la Passion (VIII 2017)
* As de Cœur (XI 2017)
* Pensées Eparses et Parsemées (XI 2017)
* Le Sablier d'Or (XI 2017)
* Rêveries ou Vérités (I 2018)
* Couleurs de l'Infini (II 2018)
* Exquis Salmigondis (V 2018)
* Lettres Simples de l'être simple (VI 2018)
* A l'encre d'Or sur la Nuit (X 2018)
* A la Mer, à la Vie (XI 2018)
* Le Cœur en filigrane (XII 2018)
* Le Silence des Mots (III 2019)
* La Musique Mot à Mot (IV 2019)
* Les 5 éléments (V 2019)
* Univers et Poésies (VIII 2019)
* Les Petits Mots (X 2019)
* Au Jardin des Couleurs (XI 2019)
* 2020 (XII 2019)
* Nous... Les Autres (X 2020)
* Ombre de soie (III 2020)
* Les Jeux de l'Art (IV 2020)

HARMONIE IMAGINAIRE

Je sculpterai
Dans la force du rocher
Au vertige bleuté,
A la cime enneigée,
Ton cœur tendre et léger

Je peindrai
Des levers de lune
Sous des caresses de plumes,
Les dunes qui s'allument
Quand j'y jette les runes

Je chanterai
La mélodie du torrent,
Des oiseaux dans le vent,
La cascade m'emportant
Dans ton rire troublant

.../...

…/…

J'inventerai
La sculpture de la vie,
La couleur de la fantaisie
Et dans ton imagination aussi,
Une voix, une pensée, une éclaircie…

UN... JE NE SAIS QUOI...

J'ai surpris un bruit
Dans un je-ne-sais-quoi
S'accrochant à la nuit,
Un petit clapotis
Où la lune se voit
Entre mille et un plis

J'ai longuement flâné
Vers un je-ne-sais-quoi
En traînant les pieds
Sur l'onirique plage,
Par-dessus les nuages,
Des oiseaux dans la voix

.../...

…/…

J'ai feuilleté la vie,
Porcelaine fragile,
Fleurie de rêveries
Et de pages subtiles,
Mais les mots se sont enfuis
Pour un je-ne-sais-qui…

Attendre, c'est espérer... encore

Espérer, c'est croire.... encore

Croire, c'est Aimer... toujours...

LA VOIX

Dans la voix du vent
S'envolent les champs,
Champs de blé piquetés
De coquelicots et bleuets

Sous la voix de l'oiseau
Se courbent les roseaux,
S'enroulent les jasmins,
Tressaillent les tamarins

Sur la voix de l'océan
Ondule le bleu vivant,
Roulant et explosant,
Plongeant, renversant…

…/…

…/…

Dans le son de ta voix
La vie éveille l'émoi,
Résonnant en douceur
Au rythme de mon cœur…

La Paix naît en chacun dès le premier jour,

Grandit dans la conscience,

S'éternise dans le silence...

MOT A MOT

Il y a des mots
Que l'on comprend
A demi-mot
D'autres troublants,
Vertigineux, abyssaux,
Gigantesques, avec brio
Tels les grands mots

J'ai une tendresse
Pour les petits mots,
Ceux qui caressent
Les oiseaux,
Les océans, les pianos,
Ces mots qui restent,
Pas ceux qui passent,
Les mots de passe
Qui s'entrelacent...
Je ne m'en lasse...

.../...

…/…

J'aime les mots
Que tu dis tout haut
Beaux, verticaux,
Et puis ceux-là,
Que tu dis tout bas
Se réfugiant entre tes bras,
Dans le calme de ta voix
Doucement, mot à mot…

Le masque cache
La vie qui se tache,

Le masque affiche
Le temps qui s'en fiche

Le masque tait l'interdit
Et tombe la nuit...

FAIS-MOI RIRE !

Raconte-moi pourquoi
Soudainement ce jour-là
Les touches de ton clavier
Se sont mélangées,
Les lettres se sont inversées,
Des symboles sont nés !
Les chiffres sont partis,
La chance n'a pas de prix
Le conte erre dans l'absolu
Le contraire est révolu…

Dis-moi encore
Si l'espace à des bords,
Si les pierres vont éclore,
Et l'aurore colore
En mauve les dinosaures ;
Il paraît que l'oxymore
Joue les désaccords
En fleurissant les trésors
D'une langue d'âge d'or…
Et les mots s'évaporent…

                    …/…

…/…

Confie-moi tes secrets
Des jours cabossés
Aux histoires de fous,
Des clowns tout doux
Des soleils dans ton cou,
Et un foulard flou
Volant au son du gazou…
Par-dessus tout
Fais-moi rire
De cette vie, et sourire…

La vie s'enfuit

Seule dans la nuit

La nuit de l'oubli

L'oubli d'être seule

Seule dans la nuit

Elle s'enfuit, la Vie…

CORONAVIRUS

Sur la ville calme
Le silence trame
L'inquiétude et le drame
Jusqu'au fond des âmes...

Les pas nous sont comptés
Et les instants de liberté
Nous tiennent muselés,
Alvéolés, attristés...

L'interdit se décèle
La solidarité se révèle,
Le futur devient conditionnel
Sous le masque du sommeil

.../...

…/…

Que cessent les laïus
Et leurs éternels rébus !
L'homme deviendra Spartacus
Avant que ne sonne l'angélus
Pour mettre fin au virus…

L'HARMONIE...

Ce n'est pas se ressembler
Se copier, s'imiter,
Taire ses idées, ses pensées
Au prix de la vérité

C'est entendre le murmure
De l'écho du futur,
La nuance irisée
De l'arc en ciel léger,
La douceur de tes mots
Simples, calmes, beaux...

L'harmonie sait se fondre
Sans jamais se confondre,
Elle est le rythme de la vie
Assouvissant sa magie...

L'Harmonie…

C'est ce qui fait sourire l'âme

Lorsque les sens s'éveillent

Et s'en émerveillent…

LA CASCADE

Mes pas s'en sont allés
Par un petit chemin
Traversant la forêt
De chênes et de pins.
Le tendre vert des feuilles
Laisse filtrer le soleil
Et danser les abeilles.
Là-haut un écureuil
Effronté et ravi,
Allant de branches en troncs,
M'approche puis m'épie
Pour s'enfuir d'en bond !...

Un lézard engourdi
Sous la tiède fougère
Ecoute le clapotis
De la fraîche rivière.

.../...

…/…

Il savoure l'atonie
Surveillant la fourmi
Qui passe devant lui…
Elle est déjà partie…

La cascade était là
Tombant joyeusement
Et son fracas tout blanc
Eclaboussait dans l'air
L'arc en ciel éphémère…
L'eau est cette magicienne,
Cette force souveraine,
Et la cascade sa reine…

CARESSE

Caresse du vent sur un champ de blé

Caresse de la brise sur la fleur épanouie

Caresse d'un baiser sur un cœur évanoui

Caresse de la nuit sur un songe d'enfant

Caresse d'un soupir sur un regard perdu

Caresse du printemps dans mes cheveux mêlés

Caresse d'un vent qui loin de moi s'enfuit

Caresse envolée vers ton âme endormie

Caresse infinie qu'emportera le temps

Caresse d'un sourire à l'ennui affaibli

Caresse du temps sur un jour qui fuit…

UN MATIN DE PRINTEMPS

C'était un matin de Printemps,
De cela, il y a bien longtemps…
L'aube se levait doucement,
Accompagnée d'un léger vent…

Ma longue robe blanche ondulait,
Lentement. A la main je tenais
Un chapeau blanc. J'allais au hasard…
C'est là que commença notre histoire…

Toi aussi tu allais vers… quelque part…
« Par-là » disais-tu… Vers un « autre part »
Un ailleurs joyeux, merveilleux
Le temps de faire un vœu….

…/…

…/…

Notre amour s'est lié, noué, extasié,
Nous ne pouvions plus nous séparer.
Mais lorsque le soleil s'est levé
J'étais seule… Je t'ai cherché…

Quel beau rêve avais-je fait,
Ce matin de printemps…

SOUPIR

Soupir de la nuit
Au milieu des temps

Soupir du jour
Au cœur du vent

Soupir de l'infini
Au plus profond de mon serment

Soupir d'un amour
Qui nait en souriant…

VIEILLESSE

Ma vie est un grand moulin à vent
Dont les ailes tournent avec le temps

Mon âme est un grand oiseau blanc
Qui vit et plane dans le vent

Mon cœur est une cage de fer blanc
D'où s'échappent quelques souvenirs d'enfant

Mais il manque une aile au moulin à vent
Il n'y a plus de vent pour l'oiseau blanc,
Et la cage de fer blanc
N'est plus qu'un rêve d'enfant…

La vie se passe

Comme les lignes que

L'enfant écrit

Sur les pages vierges

De son cahier...

(1977)

POURQUOI SOURIS-TU ?

« Pourquoi souris-tu ?
Pourquoi ris-tu ?
Explique-moi… »

« Parce que j'avais oublié
Qui tu étais,
Que nous nous sommes retrouvés,
Que toi et moi,
C'est un rêve réalisé.

J'avais oublié aussi
Que le temps est passé
Que ta main a pris
La mienne et l'a serrée,
J'avais presque oublié… »

…/…

…/…

« Pourquoi pleures-tu ? »

« J'avais oublié
Que demain, tu partais… »

« Pourquoi souris-tu ? »

« Parce que je n'ai jamais
Jamais oublié que je t'aimais… »

1977

LE SABLIER DE FLEURS

Je n'ai pas d'heure
Pas de jour, pas de peur...
Le temps a disparu
Lorsque je t'ai connu
Devenant l'ingénu
Génie de l'absolu,
L'équation résolue
A deux inconnus

Je n'ai jamais l'heure
Le temps est ailleurs
Arrêtant les aiguilles
Ou dévorant les piles !
Je préfère écouter
L'oiseau dans le matin
Chantant pour éparpiller
Mes rêves doux et mutins.

.../...

…/…

L'importance du temps
Grave patiemment
La valeur du destin
Dans les lignes de ta main…
J'ai le temps, pas l'heure…
Dans un sablier de fleurs
Coule mon destin
En souvenir de demain

Je n'ai pas de montre
Et le temps est sans nombre,
L'instant de ta rencontre
Ton regard a su répondre
En éternisant le monde,
En me laissant fondre
Au battement de ton cœur
Pour toujours, ici et ailleurs

Assise face à toi

Tu ne me vois pas…

Qui a dit

Que les Anges n'existent pas ?...

« QUE FAITES-VOUS LA ? »

Que faîtes-vous là, petite fille
Avec ces fleurs fraîchement coupées ?
Le soleil se lèvera bientôt
Entendez-vous le chant des oiseaux ?

Que faîtes-vous là, jeune fille
Avec ces fleurs séchées ?
Le soleil est déjà très chaud
Regardez comme il vous brunit la peau...

Que faîtes-vous là, jolie femme
Avec ces fleurs qui se fanent ?
Tristes sont les couchers de soleil
Mais beaux sont-ils, quand ils sont vermeils

.../...

…/…

Que faîtes-vous là, veille femme
Avec ces fleurs qui meurent ?
Voilà que se lève la lune
Des étoiles brillent dans vos larmes…

« J'attends… J'attends le bonheur… »

1974

Tu façonnes la Terre
En pensant à demain,
A l'aveu d'un Hier
Que tu as dans les mains,
Alors naîtra ce futur
Et une vie sans fêlure...

ON SAIT PRESQUE TOUT...

On sait attendre sans pleurer
Le temps qui ne veut pas passer,
On sait écouter s'écouler
La minute de vérité.

On sait comprendre sans chercher
Autre chose que cette vérité,
On sait aimer et jouer
Au jeu de la liberté.

On sait regarder l'homme blessé
Qui s'en va le cœur transpercé,
Qui s'en va trébucher
Puis tomber dans son passé.

.../...

…/…

On sait vaincre sa fierté
Et montrer sa dignité,
On sait dominer le monde entier
Sans chercher ce qu'il fait.

On sait crier à l'iniquité
Sans espoir de la retrouver,
On sait un peu s'en aller
Et dire Adieu au passé.

On sait revenir pour s'excuser
Voire se faire pardonner,
On sait écrire et compter
Mais le plus beau est d'écouter…

…/…

…/…

Mais sait-on vivre de l'amour
Et du bonheur de ce nouveau jour,
Celui qui vient nous apporter
La joie de simplement exister ?...

1977

QUI ES-TU ?...

Qui es-tu ?... D'où viens-tu ?...
Sa vie est un Paradis,
Son Paradis, une rêverie.
Sa parole est le chant
Des oiseaux à la venue du Printemps

Qui es-tu ?... D'où viens-tu ?...
Ses yeux couleurs du temps
Sont clos sur le néant ;
Ils cherchent l'abri d'une prière
Mais ne rencontrent que la lumière

Qui es-tu ?... D'où viens-tu ?...
Il écrit des messages
Sur les mers de nuages,
Et dessine mon cœur
Sur les pétales du Bonheur…

       …/…

.../...

Qui es-tu ?...
D'où viens-tu ?...
Dis-moi... où vas-tu ?
Où vas-tu ?...

... Trop tard... Il est parti...

A la seconde où tu nais

L'infini disparaît...

Puisse l'amour t'y faire vivre...

LEXIE

J'ai écrit tant de mots
Sur les lignes de cet univers,
Sur ces paysages extraordinaires,
Sur la Vie, la Terre, et l'eau…

Je me demande encore
Ce que veut dire mon corps,
Ces jambes qui glissent
Dans l'onde bleue et lisse,

Ces pieds marchant doucement
Dans la première vague de l'océan,
Ces bras tendrement te serrant
Contre moi en dormant,

…/…

…/…

Que veulent dire mes mains
Cueillant dans le jardin
La lumière du matin
Pour ton sourire divin ?

Elles ont dessiné sur les murs,
Sur les rêves obscurs,
Sur le pont des soupirs,
Sur les ailes du désir…

J'ai écrit tant de lexies
A la source de cette vie
Et il en coule par magie
Tout cet amour que tu lis…

J'ai posé mon âme

Au bord de tes rêves,

Un doux idéogramme

Sur la rive de tes lèvres…

LE JOUR D'APRES

Il était une fois…
L'histoire ne finit pas,
Surtout pas là…
Mais ce jour viendra
Où tout commencera.
De chez toi, tu sortiras
Ebloui de lumière,
Un pas en avant, puis en arrière,
Un pas vers l'inconnu
Sur une vie discontinue…

La nature a repris
La force de ses bruits,
Le parfum de son vent,
Les couleurs d'un « avant »,
La douceur de son cri,
La clarté d'un « merci » !

…/…

…/…

Il était une fois
L'histoire du Corona…
Nous sommes les survivants
Sages et humbles titans,
Aux mains gantées d'un «autrefois»,
Aux visages sans voix,
Masqués pour se cacher
D'un présent altéré

Demain, notre jour d'après
Ebahi de liberté
N'effacera jamais
L'adieu imaginé de te serrer
Dans mes bras fatigués,
Dans ce jour d'après,
Il y a des rires d'enfants,
Une vie qui nous attend…
Vite, prenons le temps
Encore une fois… A demain…

JE N'AI BESOIN DE RIEN…

Juste de tenir ta main,
De poser avec toi, le regard au loin,
De parler tes silences
Scintillants d'espérance,

De rire de tes mots
D'aller vers un "ici", si beau,
Je n'ai besoin de rien,
De rien d'autre que Toi...

L'ETE

L'été arrivera
Élégant, soigné,
Avec un panama
Très distingué

Il viendra au marché
Goûter ce miel doré,
L'huile d'olives fruitée,
Ce croustillant beignet.

Plus loin comme une esquisse,
C'est un paysage d'épices
Où ses yeux se ravissent
De couleurs de délices

.../...

…/…

Le vent portera, léger,
Le parfum frais et discret
Des lavandes bleutées
Et des beaux orangers

Il aime parcourir
Les plus doux souvenirs
Et offrir un sourire
Pour lui désobéir

L'été sera nature
Brillant de son mercure,
Adorable futur
Dans sa gracieuse allure…

Faire le tour du Monde

Ici ou ailleurs

Sans aucun bagage

Est le début

Et le but

D'un autre voyage…

SUR LA LIGNE IMAGINAIRE...

…Je pose
Des soleils en hypnose,
Des sommeils roses,
De merveilleuses
Etoiles rieuses

…Je marche
Avec un équilibre fou
Entre tes yeux doux
Et le vertige de ce Nous
Dans le vent jaloux

…Je m'étire
Sur l'horizon rond,
Et mon rêve fond
Glissant sur ton front
Dans un tendre frisson

                              …/…

.../...

Sur cette ligne indéfinie
L'imaginaire vit,
Délicatement s'écrit,
Et son murmure sourit
A l'écho qui te suit...

Mon âme s'est perdue

Au coin de cette rue

Depuis je tourne en rond

Dans l'équation de ton horizon…

HARMONIE

L'harmonie à l'unisson
Balance son diapason
Entre un fa si fugace
Et un do plein d'audace

Elle hésite parfois
Entre l'éclat d'une voix
Et l'écho fou de joie
Me prenant dans tes bras

L'harmonie vient frôler
D'un murmure prolongé
La quiétude des sens
Et leur douce résonance

         …/…

…/…

Chaque son, chaque bruit
Différent, à l'infini
Se complète et se fond
Duo frêle et profond

L'harmonie est mystère
Perpétuel air en vers,
C'est la lumière d'une poésie
Dans le balbutiement de ta vie

IN LOVE

Quel est ce corps
Qui bondit, roule et se tord,
Puis marche plus loin encore
En savourant le moindre effort ?

Quel est ce pied
Joyeux et léger
Sautant dans l'escalier
Ou se posant sur ton nez ?

Quel est ce visage
Où la douceur de l'âge
Effleure de son passage
Un regard si sage ?

.../...

…/…

Quelle est cette main
Cette plume d'écrivain
Raturant le destin
De sa vie sans chemin ?

Quel est cet amour
Cet inconditionnel Toujours,
Cette harmonie qui se love
Dans mon cœur in love ?

La musique pense....

Alors tu t'élances

Et

Tu danses...

CHOISIR

Tu regardes les livres
Rangés sur les rayons
Du soleil voulant suivre
Ta main dans l'hésitation...

Tout le monde aime dire
Quelle œuvre il faut lire,
Quel auteur maudire...
Toi, tu VEUX choisir...

Tu cherches sans chercher
Attendant cet instant
Où tu trouveras par instinct
L'idéal insoupçonné.

.../...

…/…

Enfin tu l'as choisi
Le saisis, lui souris,
Qu'importe les « on-dit »
Ta liberté est ici.

Tu regardes les livres
Devinant les passions,
Pour que les mots s'écrivent
Sans en choisir la raison…

J'AI TROUVE UNE CLEF...

La clef de sol
De musiques folles,
Philharmoniques,
Ou de lointains tropiques...

La clef des champs,
Des blés blondissant,
De ton rire bondissant,
Dans l'été naissant...

La clef du bonheur,
Dans le mystère de mon cœur,
Et dans ton regard songeur,
J'ai trouvé une merveilleuse lueur...
Te voici son lecteur...

Si le temps d'attendre

Ne se conjugue pas sans futur

Si le temps de partir

Ne se conjugue pas sans passé

Le temps d'aimer

Se conjugue seulement au Présent

LES HOMMES...

Les Hommes disent
Omettent ou méprisent
Ce que fait chacun
Au lieu de ne faire qu'un...

Le temps s'en vient
Tu le retiens
Entre tes mains
Fragile Demain...

Les scandales s'affichent
Sous de vils postiches
Et le monde se fiche
De leurs pâles pastiches...

                                        .../...

…/…

Le temps s'en va
Comme un guerrier las
Priant à chaque pas
Que l'absurde cesse là…

Les Hommes somnambules
Se copient sans scrupule
Isolés dans leur bulle
Sûrs de leur ultime formule

Le temps est là
Immobile et sans voix
Mais l'espoir ne meurt pas
Tant que tu es là…

La Vie est un bouquet de lumières,

Une cascade de sons,

Un océan d'émotions…

La Vie est cette harmonie

Où l'Amour vit…

AU BORD DU LAC

Au bord du grand lac
Se penche un roseau…
Il a soif de ce ciel
Se posant sur l'eau
Et d'un soleil de miel
Jouant à glisser
Entre les nuages irisés

Au bord du grand lac
Se penche un oiseau…
Il a faim des merveilles
Brillant dans l'eau
Et d'une lune sans sommeil
Jouant à glisser
Entre les roseaux mordorés

…/…

…/…

Au bord du grand lac
Se penchent des mots…
Ils sont sensoriels
Entre le ciel et l'eau
Comme de doux arcs en ciel
Jouant à glisser
Dans les rayons d'un jour nouveau…

LA POÉSIE…

Elle est délicatesse,
Murmure d'une forteresse
Te protégeant de ce géant
Éparpillant le temps

Elle sait faire vibrer,
Conquérir, étonner,
Rendre sensible les idées
Par des images suggérées

C'est une solitaire, une fée,
Un rêve inachevé
Dans tes yeux émerveillés,
Un bateau égaré

…/…

…/…

La poésie doucement te prend
Par la main, irrésistiblement,
Elle est cette musique qui pense
Et l'harmonie de ses nuances…

LA NUIT COULE

La nuit coule doucement
Depuis les hauts sommets
De montagnes enneigées,
Glissant sur leurs versants
Aux sapins verdoyants
Jusqu'au glacial torrent...

Le temps coule doucement
Depuis l'éternité
Des heures fatiguées,
Glissant sur les passants
Aux pas trébuchants
A l'aube de leurs sentiments...

.../...

…/…

L'encre coule doucement
Depuis cet encrier
De mon regard troublé,
Glissant et languissant,
Caresse te frôlant, écrivant
Les mots doux ruisselants…

VIEILLESSE

Ma vie est un grand moulin à vent
Dont les ailes tournent avec le temps

Mon âme est un grand oiseau blanc
Qui vit et plane dans le vent

Mon cœur est une cage de fer blanc
D'où s'échappent quelques souvenirs d'enfant

Mais il manque une aile au moulin à vent
Il n'y a plus de vent pour l'oiseau blanc,
Et la cage de fer blanc
N'est plus qu'un rêve d'enfant…

J'aimerais être cette eau

Pour fondre et couler

comme le ruisseau,

me blottir au creux de ta main

devant ta vie assoiffée...

PATCHWORK

J'ai cousu de patience
Tant de jours, tant d'attentes,
Les rideaux de silence
Que l'innocence invente

J'ai cousu de sagesse
Les miroirs de souvenirs,
Les erreurs pour sourire
De ma sage faiblesse

J'ai cousu de pluie
L'horizon de l'harmonie,
Et les jardins brumeux
Aux suaves camaïeux

.../...

…/…

J'ai cousu de magie
La caresse de la vie,
Et son souffle léger
Pour te protéger…

PARTIS

Il est parti
Traversant malgré lui
La foule le recouvrant
Peu à peu de ce temps

Elle, elle est restée
Son regard s'accrochait
A la silhouette qui se noyait
A travers ses larmes salées

Se sera-t-il retourné
Comme pour retarder
Cet instant de souffrance
Et de vide immense ?

…/…

…/…

Combien de mots encore
Eclabousseront leur corps,
Et de silences permis
Pour écrire leur vie…

Ils sont partis
Se souvenant pour toujours
De cette complice harmonie…
La partition de la Vie…